BOEKANALYSE

AF156532

Het boek van de Baltimores

JOËL DICKER

BOEKANALYSE

Geschreven door Éléonore Quinaux
Vertaald door Nikki Claes

Het boek van de Baltimores

JOËL DICKER

JOËL DICKER

FRANSTALIGE ZWITSERSE ROMANSCHRIJVER BEÏNVLOED DOOR DE VERENIGDE STATEN

- **Geboren in Genève in 1985**
- **Enkele van zijn werken:**
  - *De tijger* (2005), kort verhaal
  - *De laatste dagen van onze vaders* (2012), roman
  - *De waarheid over Harry Quebert* (2012), roman

Joël Dicker studeerde rechten aan de universiteit van Genève en heeft een literaire achtergrond. Als kind wendde hij zich natuurlijk tot de literatuur en creëerde op 10-jarige leeftijd *La Gazette des animaux*, die hij enkele jaren leidde. In 2005 kreeg hij met zijn korte verhaal *Le Tigre* erkenning op de Internationale Prijs voor Jonge Auteurs in Lausanne, die schrijvers onder de 20 jaar beloont.

Daarna richtte hij zich op het genre van de historische roman met *Les Derniers Jours de nos pères*, waarvoor hij in 2010 de Prix des écrivains genevois kreeg. Maar de echte inwijding komt met *De waarheid over Harry Quebert* (2012), dankzij welke hij een succesvol auteur wordt en die hem erkenning brengt van een bredere literaire gemeenschap, met het winnen van de Prix Goncourt des lycéens en de Grand Prix du roman de l'Académie française in hetzelfde jaar. De plot speelt zich af in Noord-Amerika, een gebied waar de auteur van houdt: als kind bracht hij er de meeste vakanties door.

HET BOEK
VAN DE BALTIMORES

EEN HEDENDAAGSE AMERIKAANSE SAGA

- **Genre:** roman
- **Referentieuitgave:** *Le Livre des Baltimore*, Parijs, Éditions de Fallois, 2015, 476 blz.
- **1ᵉ editie:** 2015
- **Thema's:** Familiesaga, Goldman, de opkomst, de ondergang, de rivaliteit, de Verenigde Staten

In deze roman uit 2015 wordt de lezer herenigd met de hoofdrolspeler van *De waarheid over Harry Quebert*, Marcus Goldman, een succesvol schrijver. Maar deze keer is het geen misdaadroman die hij gaat schrijven, maar zijn familiegeschiedenis. Van zijn grootouders, die twee zonen hadden, komen twee "takken": de Goldmans van Montclair en de Goldmans van Baltimore.

Door bronnen en getuigenissen van de jaren zestig tot nu samen te brengen, ontdekt Marcus de geheimen van zijn familie en het pijnlijke gewicht van het onuitgesprokene en de leugens. Als een onderzoeker onthult de verteller geleidelijk de complexe elementen die de duistere kant van zijn verhaal vormen. Kennen we onze familie echt? Is de idealisering van de kindertijd legitiem? Jaloezie, rivaliteit en wraak zijn de drijvende krachten achter deze roman die zich afspeelt aan de oostkust van de Verenigde Staten.

SAMENVATTING

EEN ROMAN OM JEZELF TE BEVRIJDEN VAN HET VERLEDEN

November 2012, Thanksgiving, een auto stopt in Montclair, New Jersey. Daar komt een stel uit, al acht jaar gescheiden: schrijver Marcus Goldman en Alexandra Neville. Samen gaan ze naar het huis van Marcus' ouders. Marcus heeft groot nieuws: hij is klaar met het aanbidden van een verleden dat misschien niet zo goud is als hij zich als tiener herinnert. Marcus is al lang een bewonderaar van zijn oom uit Baltimore, Saul Goldman, en besluit zijn volgende roman aan hem op te dragen: *Het boek van de Baltimores*. Na het succes van zijn roman *G voor Goldstein* uit 2006, opgedragen aan zijn overleden neven Hillel en Woody, is het tijd om zich te bevrijden van het verleden en zijn zware geheimen.

Marcus' geest wordt achtervolgd door een belangrijke datum: 24 november 2004. Op die dag vermoordde Saul Goldman's zoon Hillel zijn geadopteerde broer Woody en schoot daarna zichzelf neer in Baltimore. Waarom? Hoe kon zo'n gelukkig gezin veranderen in zo'n smerige tragedie?

JEUGDHERINNERINGEN

Een vluchteling in Boca Raton, Florida, Marcus wil van de rust profiteren om te schrijven. Maar waarover? Afgeleid van zijn romantische gedachten door een zwerfhond genaamd Duke, realiseert hij zich dat het dier toebehoort aan Kevin Legendre, een professionele ijshockeyspeler die een relatie heeft met Alexandra, zijn ex-vriendin. De herinnering aan haar en de gevoelens die ze nog steeds hebben, ook al zijn ze al acht jaar gescheiden, doen hem zijn familiegeschiedenis in vraag stellen.

Hij leerde Alexandra kennen via zijn neven, Hillel Goldman en Woodrow Finn. Deze laatste, een verlaten jongen en een vechter, raakte de familie Goldman in Baltimore zo dat hij een volwaardig lid werd en spoedig door hen werd geadopteerd. Als kind brengt Marcus, wanneer hij maar kan, tijd door met het gezin van zijn dromen, het gezin dat niet past in het meer bescheiden to model van zijn ouders. Oom Saul, een briljante advocaat, is getrouwd met Anita, een mooie dokter, en is door het winnen van complexe financiële deals rijk geworden. In feite is hij waarschijnlijk de favoriet van de Goldman grootouders. Marcus voelt elke Thanksgiving dat hij van een middelmatige tak is. De enige manier om deze rijkdom te proeven is dus om veel tijd door te brengen in de herenhuizen van Baltimore en de Hamptons (een schiereiland in New York dat door de elite als vakantieoord wordt geprefereerd). Daar richt Marcus met zijn neven de Goldman-bende op. Elk van hen vult de ander aan: Hillel is de onbegrepen begaafde, geholpen en verdedigd door Woody, de atletische, onverschrokkene, de kracht van de groep; wat Marcus betreft, hij is de rustige, bedachtzame, maar lijdt onder de uitsluiting door zijn geografische herkomst uit Montclair.

TWEE RIVALISERENDE BROERS

Toch is de dominantie van de Baltimore Goldmans vrij recent. Van hun opkomst tot hun verwijdering uit hun ambt komt één woord terug: rivaliteit. Marcus leert door zijn onderzoek dat zijn oom niet altijd de favoriet was. In feite was zijn vader Nathan meer in de ogen van zijn grootvader Max. Max was de eigenaar van een fabriek voor medische apparatuur en wilde dat zijn zoons het bedrijf mede leiden. Saul, die medicijnen wilde studeren, werd verkeerd begrepen door zijn vader, die hem een minder prestigieuze universiteit aanbood dan die van zijn broer en hem dwong zakencursussen te volgen. Onder invloed van een hoogleraar burgerrechten met ideeën die tegengesteld zijn aan die van zijn eigen vader, wordt Saul 12 jaar lang door zijn vader verstoten.

Maar wanneer de fabriek failliet gaat, neemt Nathan opnieuw contact op met Saul voor zijn expertise in het verkopen en kopen van bedrijven. Saul redt de dag en adviseert zijn broer en vader om het geld van deal om te zetten in een aandelenportefeuille. Ze hadden elk 600.000 dollar uit de verkoop van de fabriek, maar alleen Saul investeerde zijn deel in de aandelenmarkt en verdubbelde zijn aandeel. Jaloers op het succes van zijn broer, zet Nathan het spaargeld van zijn vader om in aandelen, maar te laat. Ondanks de waarschuwingen van zijn broer voor een ineenstorting, zet Nathan door en gaat failliet. De trends zijn dan omgekeerd: Nathan, de geliefde zoon, wordt niet verstoten door zijn familie, maar Max is nu afhankelijk van Sauls lijfrente om te overleven.

EEN GESCHIEDENIS DIE ZICH HERHAALT

Deze oude rivaliteit tussen Nathan en Saul werkt door in hun nakomelingen. Saul adopteert Woody en geeft Hillel zo een broer. Woody is gespierd en trekt meisjes aan: het perfecte tegenovergestelde van Hillel. Terwijl dit verschil hen verenigt in hun tienerjaren, heeft het een vernietigend effect op hun relatie als ze de middelbare school en de universiteit verlaten, wat niemand merkt. Marcus ondervraagt zijn omgeving en is verbijsterd door wat hij te weten komt. Het geïdealiseerde beeld stort in: zijn neven hebben belangstelling voor voetbal gekregen, niet uit smaak, maar uit rivaliteit. Hillel wil de beste coach zijn om zijn ouders zijn intellectuele suprematie te tonen, omdat hij zich overschaduwd voelt door Woody's sportieve bekwaamheid. Woody daarentegen wil de beste speler zijn en een universiteitsbeurs winnen om zijn adoptieouders een plezier te doen en zijn plaats in de clan te verdienen.

Tijdens deze eerste confrontatie ontmoeten ze Scott Neville, Alexandra's broer. Marcus krijgt een hechte band met de jonge vrouw, die hij zal aanmoedigen in haar droom van een muzikale carrière. Terwijl ze een paar maanden een romance hebben, blijft Marcus de breuk tussen de nepbroers negeren. Bij de keuze van Madison University wordt hij geadviseerd door Patrick Neville, Alexandra's vader. Hillel en Woody maken hem tot hun mentor en het is aan hen om te zien wie het meest geliefd zal zijn.

Saul, die denkt zijn vaderfiguur te verliezen aan deze rijkere rivaal, gaat in de schulden om zijn naam op het universiteitsstadion te zetten. Woody vraagt Goldmans naam op zijn shirt te dragen en voor Hillel is de maat vol: hij doopt Woody onbewust, waardoor hij geen plaats in een nationaal team kan krijgen. Zich bewust van de vreemde schulden van haar man, verlaat Anita Saul en vindt morele en emotionele steun bij Patrick Neville. Woody betrapt hen samen op Valentijnsdag en loopt weg, geschokt door de gedachte aan het overspel. Maar hij maakt een fout en in een poging hem in te halen om het uit te leggen, wordt Anita aangereden door een busje. Woody, gekweld door schuldgevoel, zondert zich af en blijft in Madison bij zijn vriendin Colleen, een serveerster die gescheiden is van haar man Luke, die al drie jaar in de gevangenis zit.

EEN DRAMA IN WORDING

Wanneer Marcus klaar is met school, is de familieclan uit elkaar gevallen en besluit hij Alexandra te vergezellen naar Nashville om in de muziekbusiness door te breken. Op advies van Alexandra besluit hij de Goldmans te herenigen. Na een heerlijk weerzien beloven ze allemaal samen Thanksgiving te vieren, maar ze krijgen de kans niet. Als hij Woody en Colleen bij hem thuis verrast, slaat Luke, die uit de gevangenis is, het stel in elkaar. Als hij zijn vriendin op de grond ziet liggen, schiet Woody en doodt Luke.

Helaas wordt zelfverdediging niet gehandhaafd. Woody pleit schuldig om Colleen uit de gevangenis te houden. Een paar dagen later wordt hij naar de Sheshire gevangenis gestuurd voor een straf van vijf jaar. Het is Hillel die zijn broer naar de gevangenis brengt, maar een *marshal* (een Amerikaanse officier) vertelt Saul dat ze daar nooit geweest zijn. Als voortvluchtigen dromen ze ervan naar Canada te gaan, maar ze worden opgejaagd en keren per bus terug naar Baltimore. Omsingeld door de politie besluiten ze zelfmoord plegen.

Na deze tragedie leeft Saul Goldman nog een paar jaar in een klein huis in Coconut Grove, Florida, voordat hij wordt weggenomen door alvleesklierkanker. Wat Marcus betreft, de geschiedenis van zijn familie wordt opgespoord en bevrijdt hem van de oude demonen die zijn clan heeft begraven.

KARAKTERSTUDIE

MARCUS GOLDMAN

Hij is de verteller van de roman. Hij is een Amerikaanse schrijver van Joodse afkomst, geboren aan oostkust van de Verenigde Staten en woonachtig in Montclair, New Jersey. Als enig kind zijn zijn ouders middenklasse en hij benijdt tot zijn dertigste de tak van de familie aan de kant van zijn vaders broer, de Goldmans uit Baltimore. Ten overstaan van zijn neven en nichten denigreerde hij vaak zijn eigen ouders, beschaamd over hun bescheiden toestand.

Als tiener brengt Thanksgiving met de hele familie door in het huis van zijn grootouders in Florida en neemt hij de trein naar het huis van zijn oom Saul wanneer hij maar kan. Hij profiteerde ook van de schoolvakanties om naar Sauls villa in de Hamptons te gaan en naar de Buenavista, een luxeflat die hij later verwierf. Na de openbare school ging hij naar de universiteit in Massachusetts, waar hij enkele korte verhalen publiceerde in de universiteitskrant.

Zijn roem als schrijver heeft hem zeer rijk gemaakt. Hij heeft een flat in New York's West Village en heeft een villa gekocht in Boca Raton, Florida, om rustig te zijn en te schrijven met zijn buurman en vriend Leo, een gepensioneerde leraar die ook schrijver zou willen zijn maar dat niet kan.

Hij is zich altijd bewust geweest van de problemen tussen zijn vader en oom Saul, maar is zich lange tijd niet bewust geweest van de aard ervan. Het zijn bepaalde opmerkingen van zijn moeder die hem op het probleem wijzen. Marcus bewondert zijn oom altijd, zowel in goede als in slechte tijden, en prijst vooral de waardigheid en vriendelijkheid die hij in alle omstandigheden aan de dag legt. Hierdoor bleef hij tot de laatste maanden van zijn leven aan zijn zijde. Dan besluit hij de geheimen van zijn familie te onderzoeken, om uit te vinden wat er schuilgaat achter de onuitgesproken woorden en vreemde houdingen van elk van hen. Lange tijd geloofde hij dat hij de verschoppeling en het vervangbare element van de clan was, maar hij leert door zijn onderzoek dat hij altijd door iedereen bewonderd is, zelfs door degenen die hij intelligenter of begaafder achtte dan hij, zoals zijn neef Hillel.

Marcus is verliefd op Alexandra Neville, van wie hij aan het begin van de roman acht jaar gescheiden is geweest en die hij aan het eind uiteindelijk terugwint. Van nature onhandig met vrouwen, bedenkt hij idiote plannetjes om Alexandra weer te verleiden, bij wie hij zich uiteindelijk aansluit in Engeland. Hij is de enige die altijd in haar heeft geloofd, lang voordat ze een muziekster werd, en die haar aanmoedigde haar droom na te jagen door haar mee te nemen naar Nashville.

SAUL GOLDMAN

Saul is geboren in Secaucus, New Jersey, en is de oudste zoon van Max en Ruth Goldman. Hij heeft een scherp denkende geest, en Max stelt zich voor dat hij het bedrijf dat hij heeft opgericht mede leidt. Maar Saul, aanvankelijk in perfecte harmonie met zijn broer Nathan, besluit medicijnen te gaan studeren. Saul heeft de bekrompenheid van zijn vader geërfd, wat niet bijdraagt tot een zekere vrede tussen beide mannen. Ze spreken elkaar al 12 jaar niet meer.

Tijdens zijn studie werd hij beïnvloed door professor Hendricks, met wiens dochter Anita hij trouwde en met wie hij een zoon kreeg, Hillel. De leraar, bezig met burgerrechten, nam hen mee naar verschillende evenementen. Saul profiteerde hiervan om de verschillende staten te ontdekken en een project voor te stellen van filialen die verbonden waren aan de fabriek van zijn vader. Maar zijn vader luisterde nooit naar hem. Na zijn rechtsstudie beklom hij de ladder, specialiseerde zich in financiële zaken en richtte zijn eigen advocatenkantoor op en werd steeds rijker.

Hij werkt als vrijwilliger voor verschillende organisaties en is vooral geïnteresseerd in het lot van een verlaten jongen, Woodrow Finn, die hij uiteindelijk adopteert. Als eigenaar van prachtige auto's en onroerend goed neemt hij alle uitgaven van zijn ouders voor zijn rekening – die geen inkomen hebben sinds Nathans misplaatsing. Hij is beroemd en verschijnt op televisie voor belangrijke zaken. Het belangrijkste voor hem is om bewonderd te worden: door zijn vrouw, zijn zoon, zijn familie in het algemeen, zijn vrienden.

Hij voelt een levenslange rivaliteit: met zijn broer, zijn vader, dan Patrick Neville. Hij voelt een voortdurende behoefte aan erkenning. Hij werd ontslagen bij zijn eigen advocatenkantoor wegens verduistering, liet zijn huis in Baltimore in beslag nemen en verhuisde naar Florida na de dood van zijn zoons. Hoewel hij leefde van de verkoop van de Hamptons mansion en de Buenavista flat, moest hij zich neerleggen bij een baan als caissière in een supermarkt, omdat hij door de *subprime* crisis zijn resterende kapitaal verloor. Hij sterft samen met zijn neef Marcus en zijn manager en vriendin Faith in zijn kleine huis in Florida.

 ## DE SUBPRIME CRISIS

In 2007 brak de *subprime* crisis uit. Deze term verwijst naar risicovolle Amerikaanse hypotheekleningen die vanaf 2001 massaal door banken zijn verstrekt aan huishoudens met een slechte kredietwaardigheid die een huis wilden kopen. Deze risicovolle leningen werden vervolgens verkocht aan verschillende financiële spelers die ze niet verwierven om ze te houden, maar om ze tegen een hogere waarde te verkopen. Maar toen veel *subprime* leners hun schulden niet meer konden aflossen en hun huizen in beslag werden genomen en te koop werden gezet om de banken af te betalen, daalde de waarde van onroerend goed voor iedereen, ook voor serieuze leners. In een domino-effect leidde deze huizencrisis tot de ineenstorting van de financiële sector en een jaar later tot ernstige problemen in de wereldeconomie.

WOODROW FINN

Woodrow Marshal Finn werd bij zijn geboorte verlaten door zijn moeder en werd al snel verlaten door zijn vader. Zijn vader hertrouwde en stichtte een nieuw gezin, waarin geen plaats was voor zijn zoon. Woody werd geplaatst in een tehuis voor probleemkinderen van Artie Crawford, een vriend van Saul Goldman.

Een aardige jongen, hij heeft de kunst om zichzelf in ingewikkelde situaties te brengen, met een zeer vechtlustige geest. Hij belooft Saul, die hem uit veel problemen haalt, om te proberen niet meer te vechten. Hij voelt zich schatplichtig aan de advocaat en wil eerst zijn gras maaien. Saul Goldman komt op het idee om hem te laten werken voor Bank, een plaatselijke tuinman. Door Hillel te beschermen tegen herhaalde aanvallen van zijn klasgenoten, gaat hij geleidelijk deel uitmaken van hun familie en wordt hij een volwaardig lid en bijna een broer voor Hillel. Hij is even oud als Hillel en is fysiek altijd veel meer ontwikkeld geweest. Aanvankelijk hield hij van basketbal, maar later richtte hij zich op American football, omdat hij leerde dat zijn vader de voorkeur gaf aan deze sport. Maar, teleurgesteld door een verblijf bij zijn alcoholische vader en volledig ongeïnteresseerd in zijn zoon, besluit hij nooit meer contact met hem te hebben.

Volledig toegewijd aan de Goldman zaak, beschermt hij Hillel altijd tegen potentiële aanvallers, en de twee jongens worden onafscheidelijk maar ook rivalen. Verliefd op Alexandra Neville laat hij het idee om haar te verleiden als hij hoort dat Marcus haar ziet. Vervolgens wijdt hij zich volledig aan de sport en wordt hij een van de sterren van het universiteitsteam van Madison, totdat hij er – ondanks zijn onschuld – wordt ingeluisd wegens doping. Wanneer hij ontdekt dat hij er door Hillel is ingeluisd, wil hij zijn mentor en sportagent, Patrick Neville, op de hoogte brengen, maar hij ontdekt hem in het gezelschap van Anita, die dezelfde nacht dodelijk zal worden aangereden door een busje. Hij zal zichzelf altijd de schuld geven van haar dood.

Hij ontmoet Colleen, een gescheiden vrouw die een benzine-station runt. Hij verdedigt haar en helpt haar gewelddadige ex-man Luke in de gevangenis te krijgen. Hij vermoordt Luke als hij uit de gevangenis komt tijdens een gewelddadige woordenwisseling en wordt veroordeeld tot vijf jaar gevangenisstraf. Hij vlucht met zijn broer naar Canada, maar zijn vlucht komt abrupt tot stilstand wanneer een politieagent wordt vermoord. Op zijn verzoek schoot Hillel hem in het achterhoofd toen ze terugkeerden naar hun huis in Baltimore.

HILLEL GOLDMAN

Klein, ziekelijk, zeer intelligent, Hillel is zeer asociaal. In voortdurend conflict met zijn klasgenoten besteden zijn ouders hun tijd aan het veranderen van school voor hem. Impertinent, hij irriteert de meeste van zijn leraren. Uiteindelijk gaat hij naar een openbare school in Baltimore waar hij regelmatig gepest wordt door een man genaamd Pig. Omdat hij zijn mishandelingen wil verbergen voor zijn ouders om te voorkomen dat hij naar een speciale school moet, wordt hij beschermd door Woody.

Hillel krijgt Woody op dezelfde openbare school als hij door zijn directeur te chanteren, die hij heeft betrapt op overspel. De twee broers vertrekken samen naar een openbare middelbare school, zodat Woody zich kan aansluiten bij een goed voetbalteam, dat Hillel mede coacht. Verantwoordelijk voor de vroegtijdige dood van Scott Neville, die lijdt aan taaislijmziekte (een ziekte die ernstige ademhalingsproblemen veroorzaakt), door hem op een voetbalveld te laten klimmen, wordt hij van de middelbare school gestuurd en gaat hij naar een speciale school. Deze verandering vervult hem met wrok tegen Woody, die bij zijn ouders blijft.

Hij is altijd al verliefd geweest op Alexandra Neville, maar accepteert haar relatie met Marcus. Patrick Neville houdt van hem vanwege zijn alertheid, zijn intelligentie en zijn smaak voor politiek, en hij wordt lid van de Universiteit van Madison. Jaloers op Woody's sportieve succes, drogeert hij hem onbewust met Talacen – een afgeleide van morfine. Tegelijkertijd wordt hij opgemerkt door zijn professoren vanwege zijn geschriften in de universiteitskrant. Hij krijgt een lichte baard en neemt de lichaamsbouw van een intellectueel aan, iets minder mager dan voorheen.

Om zijn fout met Woody goed te maken, stemt hij ermee in hem naar de gevangenis van Sheshire te brengen en met hem weg te lopen, waarbij hij zijn eigen spaargeld, 200.000 dollar, meeneemt. Hij is het die het pistool bewaart waarmee Woody een politieagent doodde en dat hij op zijn beurt gebruikt om zijn broer op diens verzoek te doden voordat hij zelfmoord pleegt in de villa in Baltimore.

ALEXANDRA NEVILLE

Twee jaar ouder dan Hillel en Marcus, is Alexandra een vloedgolf van liefde voor de Goldman-clan. Ze is de zus van Scott, en het is via hem dat ze haar ontmoeten. Ze heeft een lichte huid, blond haar en amandelvormige ogen. Ze heeft een gave voor muziek waardoor ze, met aanmoediging van Marcus, een zangster kan worden.

Na een paar maanden liefde met Marcus op 17-jarige leeftijd, laat ze hem vallen als ze naar de universiteit van Madison gaat, om na het afstuderen weer contact met hem te maken. Aanvankelijk verbergen ze hun relatie om de neven en nichten, die even verliefd zijn en met wie Marcus een pact heeft gesloten om Alexandra nooit aan te raken, niet te kwetsen. Bij haar ervaart Marcus zijn eerste liefde en jaloezie. Ze hebben uiteindelijk een lange relatie.

De schrijver verlaat haar tijdens een vakantie op de Bahama's na de tragedie van haar neven. Ze bekent dat ze wist van hun dodelijke escapade en dat zij het was die, om hem te beschermen, Hillel en Woody vroeg het hem niet te vertellen.

Acht jaar later kwam het stel weer bij elkaar toen Marcus naar Florida verhuisde. De jonge vrouw woont samen met profhockeyspeler Kevin Legendre en is niet van plan hem te verlaten. Maar Duke, de hond die ze tijdens hun scheiding kocht, is het element dat hen samen zal brengen. Ze beseft dat ze nog steeds gevoelens heeft voor Marcus, en verlaat Kevin. Zij helpt de schrijver vervolgens op afstand bij zijn onderzoek naar zijn familie, en vertelt hem uiteindelijk dat zij in Londen is, waar hij haar aan het eind van zijn zoektocht zal vinden.

SLEUTELS TOT HET LEZEN

DE FAMILIESAGA

Saga is een IJslandse term die "verhalen vertellen" betekent. Oorspronkelijk was de sage een verzameling historische verhalen en legenden in proza, maar al snel omvatte zij een categorie die bekend stond als "familiesaga" of "IJslandse sage", waarin de daden van clans of families uit de X^e en XIe eeuwen werden verteld, op dezelfde manier als het chanson de geste. De vertelde heldendaden hebben een mythisch, bijna bovennatuurlijk karakter. Bij uitbreiding wordt de term "sage" gebruikt om een romancyclus aan te duiden die handelt over dezelfde familie gedurende meerdere generaties.

Zoals de auteur, Joël Dicker, zelf in een interview toegaf, is het verhaal van Goldman inderdaad een romancyclus, die hij oorspronkelijk als een Amerikaanse trilogie had opgevat. Omdat hij zelf in de Verenigde Staten verbleef, werd hij geïnspireerd door de levensechte setting van de Oostkust. *Het boek van de Baltimores*, dat is opgesteld tussen de publicatie en promotie van *The Truth About Harry Quebert*, moet worden gezien als het oorspronkelijke deel van de saga, waarbij de zaak Quebert slechts een vervolg is, gecentreerd rond het personage van Marcus Goldman.

Bovendien is dit, zoals de definitie van de literaire sage aangeeft, een verhaal van meerdere generaties: de grootouders Goldman, hun twee zonen (Saul en Nathan) en hun directe (Hillel en Marcus) en indirecte (Woody) nakomelingen. Alle leden van deze familie worden beschreven, evenals al hun machinaties en psychologische reacties, op de manier van een zedenroman zoals Balzac (Franse schrijver, 1799-1850) die geschreven zou kunnen hebben.

Een klassieke, traditionele sage heeft altijd een mythisch element. In de hedendaagse saga is het noodzakelijk een object of wezen te hebben dat fascinatie opwekt – denk bijvoorbeeld de verstoring door een vampier in de saga van Stephenie Meyer (Amerikaanse schrijfster, auteur van de beroemde *Twilight-serie*). Hier wordt deze fascinatie uitgeoefend door het karakter van Saul Goldman op zijn neef. Maar Marcus ontdekt veel misverstanden en onuitsprekelijke feiten over mensen waarvan hij dacht dat ze onschuldig waren, zoals zijn oom. Familieverhalen zijn altijd gebaseerd op geheime elementen. Deze roman zit er vol mee.

RIVALITEIT TUSSEN BROERS EN ZUSSEN

Van oudsher hebben mythologische en historische verhalen ons teksten opgeleverd over de rivaliteit tussen broers, al dan niet van hetzelfde bloed. Wij denken onmiddellijk aan het bijbelse verhaal van Abel en Kaïn, waarin Kaïn zijn broer doodt uit jaloezie, omdat God hem niet dezelfde gunsten heeft verleend als Abel. Een andere episode uit de Griekse mythologie is het gevecht tot de dood op de wallen van Thebe tussen Eteocles en Polynices, die elkaar doden omwille van de macht. In deze roman omspant de rivaliteit tussen broers en zussen twee generaties: Saul en Nathan, en Hillel en Woody. Het valt op dat Max Goldman deze concurrentie tussen zijn twee zonen in stand houdt, waarbij hij Nathan ziet

als de ideale zoon die de hoop van zijn vader opvolging vervult, en Saul als de slechte zoon die andere dingen nastreeft.

In de psychologie is men van mening dat broers en zussen
weliswaar de ontwikkeling van allen mogelijk maken, maar
de individuele evolutie afremmen. Enerzijds wordt de vrij-
heid van het ene kind beperkt door de ruimte van het andere
– broer of zus – en anderzijds kunnen de ouders in elk gezin
niet anders dan de gaven of fouten van de een of de ander
benadrukken. Vanaf dat moment ontstaat er een rivaliteit,
zelfs onbewust, binnen de groep, vaak tussen kinderen van
hetzelfde geslacht, om waarde te krijgen van de ouderlijke
figuren. Elk kind moet op een bepaald moment in zijn of haar
ontwikkeling zijn of haar individualiteit laten gelden, en het
is hier dat spanningen en jaloezie tot uitbarsting komen.

Volgens de Amerikaanse psychologe Sylvia Rimm wordt het
verschijnsel rivaliteit versterkt de kinderen van dezelfde leeftijd zijn of wanneer een van de kinderen specifieke kenmerken van de hoogbegaafde vertoont. Deze kenmerken zijn te
zien in de relatie tussen Hillel en Woody: zij zijn in constante
concurrentie, de ene omdat hij van de Goldman-bloedlijn is,
de andere omdat hij de Goldman-naam opeist, om in de
ogen van de eerste plaats in te nemen. De harmonie de
broers en zussen is verbroken.

HET AMERIKAANSE MODEL KRASTE

Dicker's roman werkt met veel hypotypen. Deze stijlfiguur
versterkt de integratie van de lezer in het verhaal, om een
indruk van de werkelijkheid te geven. Daartoe beschrijft de
auteur een Amerika dat bij de Europeanen bekend staat als

een model van succes: de razendsnelle opkomst van een familie in het land van alle mogelijkheden. Hij strooit met een paar bekende merken of clichés uit de collectieve verbeelding van het land van Uncle Sam: serveersters met badges, motels met bean-pools, de luxe van de Hamptons, de perfect schone woonwijken, op een rij, gelijk en bewaakt door privébewakers zoals je die aantreft in televisieseries als *Weeds* of *Desperate Housewives*.

Maar deze voorstelling is slechts van toepassing op een deel van het huidige Amerika, dat in feite verdeeld is tussen de rijken, allemaal in dezelfde mal gesmeed en geboren uit beurssucces, en de middenklasse, die minder vertegenwoordigd is en die geleidelijk afglijdt naar de helling van de armoede. Door te vertellen over de snelle verrijking van een gezin en de even snelle neergang ervan, herinnert Joël Dicker ons eraan dat de Amerikaanse droom relatief is en er geen echte tussenweg is. Welke hoop zou zo'n manier van werken en regeren bieden?

Ten slotte stelt deze focus op een geprezen en vervolgens verguisde familie elke lezer in staat zijn verwachtingen te herijken: is economisch succes onze enige waarde? Zijn er geen veelbelovender, waardevollere, belangrijkere elementen dan het op geld gebaseerde model? Wat is rijkdom waard als het wordt verdiend ten koste van anderen, van het eigen gezinssaldo en van echte morele waarden? Dat is de vraag die deze roman stelt.

MOGELIJKHEDEN TOT BEZINNING

EEN PAAR VRAGEN OM OVER NA TE DENKEN...

- Moet dit boek volgens u beschouwd worden als een roman of als een dagboek van de verteller?

- Is dit een realistische roman? Identificeer zijn kenmerken.

- Vergelijk de Goldman-cyclus met andere literaire cycli zoals de Rougon-Macquart-cyclus van Zola (Franse schrijver, 1840-1902). Welke overeenkomsten kun je vinden?

- Welke kenmerken van de familiesaga zijn in de roman te herkennen?

- Lijkt het karakter van Marcus Goldman zich te ontwikkelen tussen de twee romans van Dicker waarin hij de hoofdpersoon is, *The Truth About Harry Quebert* en *Het boek van de Baltimores*?

- Kan Marcus Goldman gezien worden als een soort dubbelganger van Joel Dicker? Leg uit met voorbeelden uit de roman.

- Lijkt Marcus' onderzoek naar zijn familie op een politieonderzoek? Welke elementen maken het zo?

- Ken je nog andere verhalen over rivaliteit tussen broers en zussen? Hoe zijn ze vergelijkbaar met die in deze roman?

- Moet het Amerikaanse economische model in twijfel worden getrokken? Motiveer je antwoord.

- Lijkt Amerika vandaag de dag nog steeds een beloofd land van succes? Motiveer je antwoord.

OM VERDER TE GAAN

REFERENTIE-UITGAVE

DICKER J. *Het boek van de Baltimores*, Parijs, Éditions de Fallois, 2015.

BASISSTUDIE

TSOUKATOU A. Fraternal bond, from psychoanalysis to myths and systems", in *Thérapie familiale*, vol. 26, nr. 1, 2005, blz. 55-65.

*We horen graag van jou! Laat
een reactie achter op jouw online bibliotheek
en deel je favoriete boeken op social media!*

De uitgever garandeert de betrouwbaarheid van de gepubliceerde informatie, die echter niet onder zijn verantwoordelijkheid valt.

www.50minutes.com

Master ISBN: 9782808687867
Papier ISBN: 9782808699266
Wettelijk depot: D/2023/12603/1206

Omslag: © Primento

Digitaal ontwerp: Primento, de digitale partner van uitgevers.